ALLOCUTION

PRONONCÉE

DANS L'ÉGLISE DE COLOMBEY-LES-DEUX-ÉGLISES

(HAUTE-MARNE)

LE 18 JUIN 1878

PAR

M. L'ABBÉ FÉLIX PROTOIS

A L'OCCASION DU MARIAGE DE

M. LOUIS-AUGUSTIN GRANDJEAN

avec

Mlle CÉLINE PROTOIS

BAR-SUR-AUBE

LEBOIS ET MOREL, IMPRIMEURS-ÉDITEURS

—

1878

ALLOCUTION

PRONONCÉE

DANS L'ÉGLISE DE COLOMBEY-LES-DEUX-ÉGLISES

(HAUTE-MARNE)

LE 18 JUIN 1878

PAR

M. L'ABBÉ FÉLIX PROTOIS

A L'OCCASION DU MARIAGE DE

M. LOUIS-AUGUSTIN GRANDJEAN

avec

Mlle CÉLINE PROTOIS

BAR-SUR-AUBE

LEBOIS ET MOREL, IMPRIMEURS-ÉDITEURS

—

1878

ALLOCUTION

PRONONCÉE

Dans l'Eglise de COLOMBEY-LES-DEUX-ÉGLISES (Haute-Marne)

Le 18 Juin 1878

Par M. l'abbé Félix PROTOIS

A L'OCCASION DU MARIAGE DE

Monsieur LOUIS-AUGUSTIN GRANDJEAN

AVEC

Mademoiselle CÉLINE PROTOIS

MES FRÈRES,

Il y a aujourd'hui quatre ans se célébrait ici une cérémonie qui a beaucoup de rapports avec celle que nous y célébrons en ce moment. C'était au lendemain du jour à jamais béni où, mettant mes mains dans celles d'un illustre Pontife (1), j'avais fait alliance avec l'Eglise et promis à cette divine Epouse une fidélité éternelle. Pour la première fois, j'avais le bonheur de monter à l'autel, à cet autel témoin de mon baptême et de mes jeunes années. Comme aujourd'hui, le temple du Seigneur était revêtu de ses plus beaux ornements. Je vois encore les rues jonchées de fleurs, tous les visages rayonnants de joie ou mouillés de douces larmes, la procession venant chercher à la maison paternelle le nouveau

---

(1) Son Eminence Mgr le cardinal Guibert, archevêque de Paris.

prêtre et le conduisant dans la maison de Dieu, au milieu des chants de l'allégresse et du triomphe. Ce jour de fête était celui de ma première messe, si bien appelée dans le langage populaire *les noces*, les noces mystiques du sacerdoce.

C'est pour une cérémonie analogue, mes frères, que l'adorable Providence nous a réunis en ce saint lieu. Vous, mon cher ami, et vous, ma chère sœur, vous avez songé à unir ensemble, dans une indissoluble alliance, votre nom et vos destinées, comme j'ai moi-même uni mon nom et ma destinée à la sainte Eglise de Jésus-Christ. C'est pourquoi la religion vous amène comme elle m'a amené moi-même aux pieds des autels ; elle va tout à l'heure recevoir, bénir et sanctifier vos serments, comme elle a reçu, béni et sanctifié les miens ; elle va appeler sur vous comme elle a appelé sur moi les grâces et la protection de Dieu. Les engagements que vous allez contracter sont comme ceux du prêtre, sacrés et irrévocables. La même promesse enfin, d'absolue et inviolable fidélité, que j'ai faite à l'Eglise au jour de mon ordination, vous allez pareillement vous la faire l'un à l'autre, la main dans la main, sous le regard de Dieu, en présence des anges et des hommes.

L'union des époux, vous le voyez, mes frères, est donc une chose sainte ; aussi l'Ecriture, dès sa première page, nous en parle dans des termes qui nous en font bien comprendre la dignité et la grandeur.

Ecoutez le récit biblique nous racontant le mariage de nos premiers parents ; rien de plus simple et de plus sublime que cette histoire :

Lorsque Dieu, nous dit l'écrivain sacré, eut créé le monde, il sentit qu'un complément était nécessaire à son œuvre : il fit l'homme. L'homme créé se trouva seul ; il avait besoin de parler et d'aimer, et il ne rencontrait pas un être qui fît écho à sa pensée, pas un cœur qui fît écho aux battements de son cœur. Dieu le comprit, et il résolut de lui adjoindre une compagne semblable à lui. Pour exécuter ce dessein, le Créateur aurait pu se servir du même limon avec lequel il avait pétri le corps de notre premier père. Non ; il préféra envoyer à Adam un sommeil mystérieux, et pendant que celui-ci était endormi, il s'approcha en silence, prit une de ses côtes, la recouvrit de chair, et de cet os il forma la femme.

Celle-ci aurait moins aimé son époux si Dieu l'eût prise en dehors du corps même de l'homme. Elle vient de l'homme, elle doit donc être sa compagne fidèle. Elle vient non de sa tête où réside l'intelligence qui commande, car elle doit lui être soumise ; non de ses pieds qui foulent la terre, car elle ne doit pas être son esclave ; mais elle vient de la région de son cœur, de cet endroit mystérieux où se forment les affections, car elle doit être son amie.

Elle vient de l'homme ; c'est l'homme avec moins de majesté, mais plus de grâce, moins de force, mais plus de délicatesse, moins de puissance, mais plus de charmes. Aussi Adam, après son sommeil, la regardant, fut ravi d'admiration, il s'émut, et son cœur, inspiré par l'Esprit-Saint, chanta ce célèbre cantique qui est devenu la loi de la famille : *Voici l'os de mes os et la chair de ma chair. C'est pourquoi l'homme quittera son père et sa mère, et il s'attachera à son épouse.* (1)

Et alors, nous dit la Bible, Dieu contemplant ces deux êtres qu'il venait de créer, fut satisfait de son ouvrage ; il les bénit, et leur adressa cette prophétique parole qui était à la fois un commandement divin : *Croissez, multipliez-vous, remplissez la terre.*

Voilà l'origine du mariage, mes frères ; il est aussi ancien que l'humanité ; c'est Dieu lui-même qui l'a institué dès l'origine du monde.

Mais que devint dans la suite des temps cette belle institution de la famille ? Hélas ! nous ne savons que trop ses ruines et ses désastres. Les désordres et les mœurs dissolues des hommes ne tardèrent point à la déshonorer, et sous les coups du paganisme, elle s'en alla à des hontes que nous ont racontées les historiens. Elle en était là, lorsque Jésus-Christ vint sur la terre pour la reconstituer dans sa dignité primitive.

(1) Genèse, ii, 23-25.

Et non-seulement le divin Rédempteur de l'humanité a rendu à l'alliance des époux sa gloire, sa beauté, son honneur ; mais il en a fait un sacrement, c'est-à-dire une chose profondément vénérable, une chose religieuse et sacrée.

Le mariage, ainsi rétabli, n'est pas, comme chez les peuples païens, une convention profane et incertaine, résultant d'une sympathie capricieuse, ce n'est pas un simple contrat réglé par les lois des hommes. Non, c'est une société sainte, une union indissoluble, et pour tout dire, en un mot, avec l'apôtre saint Paul, un grand sacrement, *sacramentum hoc magnum est* (1). Il est grand par les grâces précieuses dont il est la source, il est grand surtout par les graves devoirs qu'il impose.

Ces devoirs, mes frères, se trouvent admirablement résumés dans une parole des Livres saints : Epoux chrétiens, disent-ils, aimez-vous comme s'aiment mutuellement Jésus-Christ et l'Eglise

Jésus-Christ a aimé son Eglise d'un amour infini ; ici-bas, il n'a vécu que pour elle ; il lui a immolé son repos, sa gloire et sa vie même ; pour elle il est mort, et il mourrait mille fois encore, si cela était nécessaire. Aussi l'Eglise, à son tour, comme elle aime et chérit son noble Epoux ! comme elle travaille, lutte et souffre pour sou-

(1) Epître de saint Paul aux Ephésiens, chap. v, v 32.

tenir l'honneur de son nom, et pour lui donner de nombreux, de glorieux enfants ! Elle aimerait mieux subir mille morts plutôt que de laisser briser cette céleste alliance, plutôt que de laisser rompre ce lien sacré et indestructible.

Ainsi en doit-il être de votre union, jeunes et chers époux ; vous devez vous aimer à la vie, à la mort.

Bien souvent, hélas ! on n'apporte pas dans cette grande action du mariage tout le sérieux qu'il faudrait. L'on s'aime bien tout d'abord et l'on jure de s'aimer toujours. Mais les années passent, et avec elles passent aussi les charmes de la jeunesse ; et alors, qu'arrive-t-il ? Il arrive que l'affection qu'on s'était promise fait place au désenchantement et à l'ennui ; les cœurs se désunissent, et du jour où il n'y a plus dans une famille l'union des cœurs, il n'y a plus ni paix, ni concorde, ni bonheur.

Quel est donc, chers époux, le remède à cette inconstance du cœur humain? Ce remède, c'est la grâce de Dieu qui va vous être donnée dans la bénédiction sacramentelle. Cette grâce puissante qui va descendre en vous est comme un ciment surnaturel avec lequel Jésus-Christ va solidifier l'édifice de votre alliance ; et tout dans celle-ci sera ferme et inébranlable, tout y sera à l'abri des injures du temps et des orages, tant que le divin architecte sera là, veillant sur son œuvre. . Ce sera à vous à le garder dans votre société, et à ne rien faire qui puisse vous priver du précieux bienfait de sa nécessaire présence. Dieu seul, en effet, entendez bien ceci, Dieu seul peut produire dans nos cœurs des attachements qui ne se flétrissent point, des amours durables et des affections immortelles.

J'ai parlé, chers époux, de l'obligation de vous aimer et de vous aimer toujours. Ce devoir implique celui de vous supporter mutuellement.

Deux âmes pas plus que deux visages ne sauraient se ressembler, et deux époux qui mettent en commun leurs existences, quelque sympathie qu'ils aient l'un pour l'autre, diffèrent toujours par le caractère. A l'âge où vous êtes, on ne change plus guère la nature; que reste-t-il à faire? Se tolérer mutuellement, se faire l'un à l'autre des sacrifices, ne pas chercher à faire triompher ses propres désirs, mais les subordonner toujours à la volonté l'un de l'autre. Ces concessions réciproques répandent je ne sais quel charme dans le commerce des deux époux, elles font sentir à chacun d'eux toute l'affection que l'autre a pour lui; elles resserrent les liens du mariage; elles en rendent le joug agréable et le fardeau plein de douceur.

Ces deux grands devoirs, l'amour mutuel, le support mutuel, vous sont communs à tous deux, chers époux; voici maintenant ceux qui vous sont particuliers.

Vous, ma chère sœur, vous mettrez tous vos

soins à embellir chaque jour l'existence de votre
époux par d'affectueuses prévenances, par de
bonnes paroles, par une inaltérable douceur.
Vous pourrez lui donner des avis et des conseils,
mais vous n'oublierez pas que c'est à lui qu'ap-
partient dans la famille l'autorité et le commandement. La loi civile en effet le proclame dans
cet article de notre Code : La femme doit
obéissance à son mari; et en cela notre Code n'a
fait que traduire saint Paul, qui déclare dans son
épître aux Ephésiens que l'époux est comme la
tête, c'est-à-dire le chef de la société conju-
gale (1).

Après Dieu, vous honorerez donc votre mari
comme le guide de votre vie et l'arbitre de vos
destinées. En toutes circonstances, vous chercherez à lui plaire et vous ne chercherez à plaire
qu'à lui ; vous l'écouterez avec docilité, vous lui
serez fidèle, dévouée, obéissante. Vous prendrez
part à ses joies, et ainsi vous en augmenterez le
charme ; vous partagerez ses tristesses, et de
cette façon vous les lui rendrez moins amères.
Tout nous fait espérer que vous serez heureuse
avec lui ; car il unit à un excellent cœur une
noble franchise et un caractère plein de charmes.
Il a des sentiments de bonté que vous apprécie-
rez mieux, à mesure que vous vivrez davantage
avec lui. Il a l'amour et l'habitude du travail.

(1) Epître aux Ephésiens, ch. v. v 23.

Dans la maison où il s'est formé au commerce, il jouit de la considération générale, et la seule présence de ses anciens maîtres au milieu de nous, nous prouve assez quel prix on attachait à ses services, quels regrets cause son départ et quel bon souvenir on gardera de lui. En un mot, tous ceux qui le connaissent l'aiment et l'estiment, et cette affection et cette estime ne sont que la juste récompense de sa vie.

Sous le rapport religieux, ma chère Céline, rien ne devra être changé dans les habitudes de toute votre vie. Vous serez comme par le passé, pieuse, charitable, fidèle à tous vos devoirs de chrétienne. Ayez toujours présent au fond de votre cœur le souvenir de la sœur chérie dont nous portons encore le deuil et dont l'absence produit ici un vide si douloureux pour nos âmes. Dieu, dans ses impénétrables desseins, l'a sans doute ravie à notre tendre affection pour que, outre nos anges gardiens qui sont sur la terre, nous en ayions un autre là-haut près de lui. Elle ne doit pas ignorer le grand événement qui s'accomplit aujourd'hui dans la vie de sa jeune sœur. Elle est dans le paradis avec notre père et nos grands parents ; elle est là parmi le chœur des vierges, et je suis bien sûr qu'en ce moment sa sainte âme assiste joyeuse et souriante du haut du ciel à cette cérémonie ; elle nous voit, elle vous voit, ma chère Céline ; elle prie pour nous et pour vous. J'espère que vous marcherez toujours sur ses traces, que toujours vous vous efforcerez de suivre ses exemples et d'imiter ses vertus. Celles-ci, croyez-le bien, vous embelliront bien mieux que les plus brillantes parures, elles vous enrichiront bien mieux que tous les trésors de la terre.

Que vous dirai-je à vous, mon cher ami, de celle que la grâce du sacrement va faire dans quelques instants la compagne de votre vie. Elle est bien jeune encore, c'est presque une enfant; aussi nous vous la donnons pour que vous soyiez son soutien et son guide au milieu des vicissitudes de la vie. Elle est simple, bonne et naïve ; vous aurez soin de lui donner les conseils que son inexpérience réclame. Le ciel, aujourd'hui. vous donne l'empire sur elle, mais vous saurez lui rendre légère et même agréable cette autorité. Je le lui ai dit, je vous le répète, nous avons la ferme confiance que vous la rendrez heureuse ; cette tâche est noble, vous n'y faillirez pas.

Vous appartenez, mon cher monsieur, à une excellente et très honorable famille. Vous trouverez également, j'ose le dire, dans celle où vous allez entrer, des traditions de vertu, d'honneur et des cœurs profondément dévoués. Personne, hélas ! ne prendra la place laissée vide par la mort de votre digne et vénérable père ; mais vous trouverez dans la maison de votre épouse une autre mère qui ne sera ni moins tendre, ni moins bonne, ni moins dévouée que celle qui vous a donné le jour. Vous trouverez des frères et une sœur, qui auront pour vous la même affection que les vôtres, et qui s'ingénieront toujours, et de toutes manières, à vous rendre la vie douce et heureuse.

Donc, chers époux, que cette commune existence qui va commencer pour vous, que cette alliance que vous allez conclure, que le présent et l'avenir, que tout cela soit plein de bonheur ! Que votre vie s'écoule douce et tranquille ! Qu'aucune discorde ne vienne jamais en troubler la paix, qu'aucun nuage n'en altère jamais la sérénité.

Ces vœux de bonheur que je forme pour vous se réaliseront d'une manière d'autant plus complète et plus durable que la religion inspirera davantage vos actes et vos pensées. Les sentiments de foi qui vous animent vous ont depuis longtemps persuadé cette vérité que Jésus-Christ doit être le centre de vos affections, la source de vos joies, le gardien de votre foyer. Aujourd'hui, hélas ! Dieu est absent de bien des familles ; il n'est plus là pour les bénir, pour les garder, pour les protéger. Aussi, entendons-nous de tous côtés retentir ce cri désolant : L'esprit de famille s'en va.

Certes, mes frères, nous n'aimons pas à arrêter nos regards sur les côtés tristes et honteux de notre époque ; nous aimons bien mieux en considérer les grandeurs, les vrais progrès et les espérances. Cependant, quelle que soit notre admiration pour ce siècle dans lequel Dieu nous a fait naître, la vérité des choses nous impose quelquefois le pénible devoir de prononcer sur lui des paroles de réprobation et de blâme.

Or, il y a dans cette société, qui nous est chère à tant de titres, une plaie immense, une plaie qui s'agrandit tous les jours et que nous devons tous combattre. Cette plaie, c'est l'affaiblissement général de l'esprit de famille.

Oui, et c'est en vain qu'on voudrait se le dissimuler, l'esprit de famille s'en va, et cela parce que la religion perd de son empire au sein du foyer domestique, et qu'à celui-ci il faut la religion, il faut Dieu, il faut Notre-Seigneur Jésus-Christ. Non, Dieu n'est plus honoré et servi comme il l'était autrefois, et c'est pourquoi nous voyons tant de mariages malheureux. Le vice les trouble, l'intérêt les divise, la joie n'y habite pas, l'affection en est exilée.

Il n'en sera point ainsi de vous, chers époux. Vous chercherez toujours en Jésus-Carist votre modèle et votre règle. Vous le prierez ensemble et tous les jours ; vous irez ensemble chaque dimanche dans son église ; ensemble, vous pratiquerez tous les commandements que notre sainte religion vous impose.

S'il plaît au ciel de donner à votre union la couronne d'une heureuse fécondité, vous aurez soin de procurer à vos enfants une éducation

chrétienne. Par vos instructions comme par vos
exemples, vous les formerez à la vertu, et vous
en ferez tout à la fois de bons serviteurs pour
l'Eglise et de bons citoyens pour la patrie.

De cette manière la bénédiction divine sera
sur vous ; elle vous protégera, vous et votre
postérité ; et vous serez heureux, autant du
moins qu'il est possible de l'être sur cette triste
terre.

Je dis, *cette triste terre*. C'est qu'en effet presque
personne, ici-bas, même parmi les plus riches et
les plus vertueux, ne peut se flatter d'être toujours à l'abri des tribulations et des ennuis. Loin
de moi la pensée d'assombrir par de tristes paroles la joie de ce beau jour ! Cependant, je sens
que ma conscience ne serait point satisfaite et
que mon devoir ne serait point complétement
rempli, si, écartant les voiles de l'avenir, je ne
vous faisais entrevoir les épreuves réservées à
tout homme ici-bas. Peut-être la divine providence vous fera-t-elle passer comme tant d'autres
par cette école de l'adversité et du malheur. Si,
ce qu'à Dieu ne plaise, cette simple appréhension
devenait jamais une réalité, vous serez l'un pour
l'autre, dans ces heures mauvaises et troublées
de la vie, une consolation et un appui. Vous vous
aiderez réciproquement à porter avec vaillance
les chagrins, les découragements, les douleurs
et les trahisons des hommes et des choses. En
se partageant, vos peines deviendront plus

douces ; vous souffrirez ensemble et vous souffrirez moins. Vous trouverez ainsi dans votre union une source de félicité en ce monde, et elle sera en même temps pour vous un puissant moyen de salut.

Je le désire pour vous, je le souhaite pour vos familles qui vous environnent et qui vous suivent en ce moment d'un regard attendri. Je le souhaite pour nous tous et pour moi en particulier, qui m'estime si heureux de pouvoir vous unir.

Seigneur, comblez de vos plus tendres et de vos meilleures bénédictions ces deux âmes qui vont s'unir à jamais, et qui voient se dérouler devant elles la longue route de la vie. Protégez surtout cette enfant que voici. Nous la plaçons spécialement sous votre patronage, ô Mère de Dieu. Protégez-la, protégez celui qui va devenir notre frère, et puissent-ils, dans le présent, dans l'avenir, sans un seul jour de défaillance, rester toujours des époux profondément chrétiens ! Puissions-nous les voir toujours heureux sur la terre, et les retrouver un jour plus heureux encore dans le ciel !

BAR-SUR-AUBE, IMP. LEROIS ET MOREL.